LA
FILLE DU ROI RENÉ

DRAME DANOIS

DE

HENRIK HERTZ

--

TRADUIT PAR H. J. P......

————

AVIGNON

AUBANEL FRÈRES, IMPRIMEU...

Place Saint-Pierre,

—

1872

LA

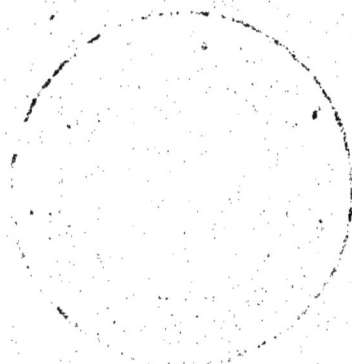

FILLE DU ROI RENÉ

C.

LA
FILLE DU ROI RENÉ

DRAME DANOIS

DE

HENRIK HERTZ

—

TRADUIT PAR H. J. P......

———

AVIGNON

AUBANEL FRÈRES, IMPRIMEURS

Place Saint-Pierre, 9

—

1872

REMARQUE DE L'AUTEUR

Au point de vue historique, ce drame repose sur une convention conclue, après de longues discussions, entre le roi René comte de Provence et le comte Antoine de Vaudemont, au sujet du duché de Lorraine. Il avait été arrêté devant le duc de Bourgogne que la fille du premier, Yolande, se marierait à un fils du comte de Vaudemont. Ce mariage se fit plus tard, et un fils d'Yolande devint la souche des ducs de Lorraine. Mais autant l'histoire de la fille aînée du roi René, Marguerite d'Anjou, épouse d'Henri VI roi d'Angleterre, est connue de tous, autant celle d'Yolande est passée ignorée de la postérité.

Si un auteur est obligé dans un drame de donner quelque chose à l'imagination, il n'en détruit pas pour cela le fond historique.

D'ailleurs le lecteur jugera aisément que dans ce drame le rôle du roi René et de sa suite est une pure fiction poétique. Un seul point, son amour bien connu pour la culture des fleurs, a été utilement exploité pour la mise en scène de la pièce.

1

LA

FILLE DU ROI RENÉ

PERSONNAGES

—

LE ROI RENÉ, Comte de Provence.

YOLANDE, sa fille.

LE COMTE TRISTAN DE VAUDEMONT.

LE CHEVALIER JAUFFRED D'ORANGE.

LE CHEVALIER ALMERIK.

EBN IAHIA, médecin Maure.

BERTRAND.

MARTHA, sa femme.

LA SUITE DU COMTE TRISTAN.

———

La scène se passe en Provence, dans une vallée de Vaucluse, vers le milieu du quinzième siècle. Elle dure depuis midi jusqu'au coucher du soleil.

A gauche du théâtre se trouve une maison à un seul étage, tapissée de lierre et de roses; les balcons sont couverts de fleurs. L'habitation est au milieu d'un jardin, dont la végétation luxuriante s'étale sous le ciel du midi : à l'entrée s'élève un superbe palmier. Derrière le jardin on voit assez élevée une muraille de rochers, couverte de broussailles. Dans la muraille est une porte tapissée de mousse et de pierres, que l'on remarque seulement quand elle est ouverte. Derrière le mur de rochers, on aperçoit dans le lointain un rideau de montagnes plus élevées, se détachant à l'horizon.

SCÈNE PREMIÈRE

BERTRAND, immédiatement après lui, le chevalier ALMERIK,
plus tard MARTHA.

BERTRAND
(Il sort de la maison et parle à voix basse.)

On sonne! C'est le messager du roi.

(Il traverse la scène, va au mur de rocher, ouvre la porte secrète.
Bientôt il revient avec Almerik et l'arrête encore à l'entrée.)

Seigneur Almerik! Que vois-je? Est-ce vous? Non,
arrêtez! Personne ne doit entrer ici.

ALMERIK

Il faut que j'entre.

BERTRAND
(Il l'arrête de nouveau.)

C'est très-sérieux, Seigneur chevalier, personne ne doit
entrer. Vous m'avez surpris, lorsque j'ai entendu la cloche et le signal, je croyais certainement que c'était
Raoul.

ALMERIK

Raoul ne vient pas. Je te l'assure, Bertrand, le roi
m'envoie! Tiens, voici l'anneau, et prends cet écrit qui
t'est destiné.

BERTRAND

Son anneau? Laissez-moi voir; pourtant, oui, c'est

l'anneau du roi : c'est aussi sa lettre? Pardon, permet-
tez-moi de la lire.

(Il lit.)

« Confie-toi entièrement au chevalier Almerik, et
donne-lui tous les renseignements qu'il désirera. » —
C'est autre chose. — Pardonnez, Seigneur chevalier,
car si vous connaissez le secret de ces lieux, vous n'ignorez pas que la prévoyance est mon devoir.

ALMERIK
(qui revient avec Bertrand sur la scène.)

Si je connais cet endroit? Pas du tout! Un messager
que le roi m'a donné m'a conduit, à travers les gorges
sauvages de cette montagne, à une ouverture cachée dans
les rochers, puis à travers ces sommets escarpés jusqu'à
cette porte. Et ici, je m'étonne de trouver derrière ces
rideaux de granit, au lieu d'un cruel enfer, un Paradis.
— Quelle belle maison! comme tout est riche, comme
tout est étincelant! Je suis dans le ravissement; parle,
quel est donc ce mystère?

BERTRAND
(avec méfiance.)

N'avez-vous rien appris du roi?

ALMERIK

Absolument rien! Pas un mot là-dessus.

BERTRAND

Tant pis. De moi, — vous le comprenez bien, — vous
devez certainement attendre moins encore.

ALMERIK

Mais, Bertrand, tu plaisantes!

BERTRAND

Certes non, c'est sérieux !

(Martha sort de la maison.)

MARTHA

Avec qui parles-tu donc, Bertrand ? Tiens, que vois-je ? Le Seigneur Almerik !

BERTRAND

(à Martha.)

Il porte l'anneau du roi, il sait aussi le signal pour entrer ; cependant tout le reste lui est inconnu et caché. Il faut donc qu'il s'éloigne.

ALMERIC

Je dois partir ? Même si le roi m'envoie ?

BERTRAND

Pourtant !..........

MARTHA

Bertrand, fais voir ! (à Almerik) et votre message, chevalier ?

ALMERIK

Je dois vous annoncer que dans quelques heures, le roi et son médecin Ebn Iahia doivent venir.

MARTHA

Je le connais, le médecin Maure dont la renommée est si grande.

ALMERIK

Il suit le roi, et vous devez avoir soin, a-t-il dit, que tout soit disposé comme le médecin l'a ordonné.

BERTRAND

C'est déjà fait, c'est déjà fait ! Le roi peut compter sur nous. Ebn Iahia était ici tout à l'heure.

MARTHA

Mais, Seigneur chevalier, le roi ne vous a-t-il absolument rien communiqué ?

ALMERIK

Il paraissait très-ému et très-pressé. Le médecin Maure Ebn Iahia arrivait et Raoul était malade. Le roi m'a appelé en particulier. « Je compte sur toi, m'a-t-il dit, et aussi sur ton silence. Suis simplement le messager qui doit te conduire, et accomplis ta mission. »

MARTHA

Est-ce là tout ce que vous avez appris du roi ?

ALMERIK

Un peu plus. Ce qu'il me dit ensuite était mystérieux. Il demeura d'abord pensif, et puis parlant avec lenteur : « Tu trouveras là ma fille ..... » alors malheureusement il s'interrompit, et écrivit en toute hâte la lettre que je vous ai apportée ; puis il me congédia.

MARTHA

La lettre ?

BERTRAND
(se souvenant.)

Ah ! oui, la lettre !

MARTHA
(après avoir lu la lettre.)

C'est l'écriture du roi ! Comment peux-tu douter ?

BERTRAND

Non, non, c'est juste...... j'avais oublié la lettre.

ALMERIK

Vous pouvez le comprendre : par cette lettre, le roi désire que j'apprenne de votre bouche ce qu'il est nécessaire, et très-nécessaire que je sache, pour accomplir à la place de mon ami, une mission, qui est encore un mystère pour moi.... Quelle est cette fille dont a parlé le roi ? car Marguerite est, je le sais, en Angleterre, et Yolande........

MARTHA

Est ici.

ALMERIK

Est ici ? Yolande est en Espagne, dans un cloître, où depuis sa plus tendre enfance elle fut élevée.

MARTHA

Non, non, Seigneur chevalier, Yolande demeure ici. Cela est bien un secret, comme vous le dites, et à la vérité un grand secret. Cependant quoiqu'il soit caché aux yeux du monde, nous entrevoyons avec douleur un temps où ce secret sera dévoilé.

ALMERIK

Je vous en supplie instamment, communiquez-moi tout ce que vous savez.

BERTRAND

Eh bien, sans doute, puisque le roi l'ordonne. — Chevalier, vous avez certainement entendu parler du différent élevé entre le roi et Vaudemont, au sujet de la Lorraine.

ALMERIK

Certainement, oui : cependant la vieille querelle est oubliée; d'après la convention faite avec le duc de Bourgogne, son fils doit, et ce n'est plus un secret, épouser la fille du roi René, Yolande, qui était encore une petite enfant lorsque cette alliance fut officiellement arrêtée.

BERTRAND

Ainsi soit-il, et Dieu le veuille !..... Mais Seigneur chevalier, vous savez bien que peu de temps après cette
convention, un violent incendie consuma le château, et
nous réveilla subitement au milieu de la nuit. Yolande,
la fille de notre roi y était ; elle avait un an à peine, sa
mort était imminente. Dans son appartement, la flamme
furieuse se répandait de tous côtés. Une seule issue nous
restait pour la sauver ; nous la descendîmes par les fenê-
tres, et elle tomba heureusement sur de moelleux cous-
sins..... Pourtant, soit épouvante, soit angoisse, dans
cette chute l'enfant perdit la vue.

ALMERIK

Elle perdit la vue ?

MARTHA

Oui, Seigneur chevalier : ce fut notre douleur, et le
désespoir de son père. Ah ! une enfant si douce, si pieuse
et privée de la vue, que c'est affreux, que c'est affreux !
L'espérance qui se rattachait à sa vie s'évanouit, et l'an-
cienne, la terrible querelle au sujet de la Lorraine se
renouvelle plus violente que jamais. Le comte de
Vaudemont ne saurait donner son fils à une pauvre
aveugle. Il s'irriterait d'un traité qu'il prendrait pour
un guet-apens ; car avant de le signer, il soupçonnait
déjà que Yolande était aveugle.

ALMERIK

C'était pourtant visible. — Comment s'en tira le roi ?

BERTRAND

D'abord il cacha avec soin le malheur de sa fille, malheur que personne ne pouvait aisément découvrir, dans

une si belle enfant. — Cependant peu de temps après, il appela de Cordoue le fameux médecin Ebn Iahia, dont la science était merveilleuse. Il vint auprès d'elle, et après avoir indiqué de nombreux remèdes, il nous donna les plus sages conseils pour la gouverner et la soigner. Enfin il voyait sa guérison dans les étoiles.

ALMERIK

Et ensuite.

BERTRAND

Il nous laissa espérer que Yolande, à l'âge de seize ans, recouvrerait l'usage de la vue. Ses nerfs, jusque-là affaiblis, reprendraient alors une nouvelle force. C'est le moment que nous attendons avec impatience, et Ebn Iahia est déjà auprès du roi. Il prépare les remèdes dont nous avons besoin. — Cependant je n'en vois pas l'efficacité. L'heure n'est pas encore venue, dit-il. Dieu sait si elle viendra !

ALMERIK

Mais Yolande? Comme ce malheur doit lui être insupportable !

MARTHA

Elle ne soupçonne même pas qu'elle est aveugle.

ALMERIK

Elle ne le soupçonne pas? Vous vous moquez?

MARTHA

Hélas, non, Seigneur chevalier ! Bientôt vous pourrez vous convaincre de la vérité de tout ce que je vous dis. Mais avant tout, je dois vous supplier, si vous parlez à Yolande, d'éviter avec le plus grand soin dans vos discours, tout mot qui aurait trait aux yeux. Pour ceux

qui viennent ici, c'est une loi très-sévère, il ne faut rien nommer qui puisse rappeler la faculté de la vue, il ne faut pas non plus parler de l'éclat du jour, ni des rayons de la lune pendant la nuit étoilée et silencieuse. Ah! la sombre nuit, où elle vit, n'a pas d'étoiles!

ALMERIK

Et vous êtes assujettis à cette contrainte?

BERTRAND

Nous y sommes habitués depuis ses plus tendres années; quand nous nous trompions alors, le danger n'était pas grand.

ALMERIK

Pour quelle raison lui a-t-on laissé ignorer qu'elle est aveugle, et d'après quel ordre?

MARTHA

Nous ne savons pas si c'est le roi, ou Ebn Iahia, qui l'a prescrit; mais je puis aisément vous dire ce qu'on s'est proposé.... La couronne d'un comte doit un jour orner sa tête, comme vous le savez. Ainsi son avenir se présente à elle sous un aspect brillant, si tout s'arrange. C'est pourquoi l'on craint que le sentiment de son malheur n'agisse trop profondément sur son âme, n'altère son esprit et ses facultés, ne trouble cette paix et cette aimable gaîté, qui sont le plus bel ornement des rois........ — On voulait donc lui laisser ignorer son infortune.

ALMERIK

Ainsi voilà la raison qui la condamne à vivre ici, séparée du monde et de tout visiteur qui pourrait lui révéler son triste état?

BERTRAND

Précisément, chevalier. — Cette vallée, située entre les montagnes de Vaucluse, est sûre, et n'est connue de personne. Vous savez que la plus grande joie du roi est de cultiver les fleurs et de planter des arbres. Aussi vous voyez comme tout est bien disposé. Yolande croit au milieu de cette nature. Ici, elle connaît chaque endroit. Même sans guide, jamais elle ne perd sa route. On n'a pas non plus négligé son éducation : elle travaille au métier et cultive le jardin ; continuellement occupée, elle est toujours gaie : elle fait de la poésie et chante dans ses heures de loisir.

ALMERIK

Elle fait de la poésie ?

BERTRAND

Certainement. Le roi lui-même lui a enseigné l'art des troubadours. Aucun maître n'aurait à rougir des vers qu'elle compose.

ALMERIK

Tout cela, je puis le comprendre et me l'expliquer. Pourtant, comment n'a-t-elle jamais le pressentiment de sa cécité ? Je ne puis le concevoir, je le regarde comme un prodige.

MARTHA

Cela vous semble à vous, dont la lumière paraît devoir diriger chaque pas. Vous détournez votre regard involontairement au moindre bruit. Même dans les ténèbres, la lumière habituelle vous trompe par un faux éclat. Mais celui qui est privé de la faculté de voir, depuis ses plus tendres années, depuis son enfance, peut-il imaginer ce que nous voyons ? Qu'est-ce que voir pour lui ? Que peut-il comprendre de la puissance magique de notre œil ? Nous pouvons par son secours atteindre facilement ce qui nous entoure ; mais, chez les aveugles l'oreille, le sentiment, l'air, le toucher plus délicat, et mille autres moyens que nous ne soupçonnons pas, viennent suppléer à son infériorité. — Vous pourrez vous assurer de ce que je dis, quand vous aurez passé quelques instants auprès d'Yolande.

ALMERIK

Je le désire vivement, je l'avoue. — Cependant vous devriez encore me dévoiler un mystère : elle vit seule auprès de vous, séparée de tous : cette petite vallée est-elle tout son monde ?

BERTRAND

Vous êtes dans l'erreur, en croyant Yolande si abandonnée, si seule. Là, derrière cette montagne, se trouve, vous le savez, le cloître de Sainte-Claire. L'abbesse et ses religieuses viennent souvent la visiter. Le roi lui-même conduit ici des étrangers.

ALMERIK

Cela lui suffit donc? et elle se trouve heureuse, si quelque étranger vient ici de temps en temps ? De toutes les richesses que le monde nous offre, de toutes ses splendeurs, n'a-t-elle aucune idée? Et ne vous fait-elle aucune question ?

MARTHA

Seigneur chevalier, là-dessus il n'est pas facile de répondre : peut-être s'interdit-elle souvent de nous interroger ; elle sait qu'il y a ici une entrée dans la vallée, elle

entend sonner la cloche quand quelqu'un vient, elle s'en
réjouit, elle écoute, se tait, dans une attente inquiète. Cependant elle ne demande jamais où est l'entrée, où elle
conduit; elle a appris qu'il y a plusieurs questions qu'il
ne faut pas faire, mais plutôt se fier à la vieillesse. —
C'est ainsi avec les enfants. Parlez-leur de Dieu, de
sa toute-puissance, d'une autre vie, et voyez comme
ils écoutent, comme ils ouvrent de grands yeux pleins
d'étonnement, comme un doute, à peine perceptible,
se peint sur leur visage, et comment à la fin, ils ac-
ceptent avec attendrissement ce qui est incompréhensible pour eux. Ainsi en est-il du monde entier
pour Yolande: un mystère qu'elle essaie souvent de son-
der. Mais alors le roi ou l'abbesse lui dit : « Sois tranquille, enfant, tu es trop jeune ; dans un temps peu
éloigné tu comprendras facilement. » — Elle compte
là-dessus, et ne soupçonne jamais, hélas ! que la lumière
des yeux lui manque pour contempler les splendeurs
dont le monde nous donne le spectacle. — N'est-ce pas
ainsi, Seigneur chevalier, que nous sondons l'avenir, et
que nous pensons à la vie future, vers laquelle nous
allons en aveugles comme Yolande, sans ressentir que
la claire vision de ses mystères nous a été refusée? C'est
la foi qui guide nos espérances.

ALMERIK

C'est bien vrai, bonne Martha. Mais, dites-moi, où est
maintenant Yolande ?

BERTRAND

Elle dort.

ALMERIK

Elle dort ? En ce moment ?

2

BERTRAND

Elle doit dormir seulement une heure chaque jour, d'après l'ordre du médecin ; cependant ce n'est pas un sommeil naturel et paisible ; je ne sais ce qu'il faut en penser. Par des paroles secrètes et des signes étranges du médecin Ebn Iahia, elle tombe subitement dans un assoupissement profond. Alors il place une pierre sur sa poitrine, une pierre polie et enchassée dans de l'or, je crois que c'est un talisman, une amulette. Et dès que cette pierre est enlevée, elle s'éveille de nouveau. A vrai dire, cela me tourmente.

ALMERIK

Cependant l'on peut se fier à l'art d'Ebn Iahia ?

BERTRAND

Je l'espère.

(On entend la cloche.)

MARTHA

On sonne, Bertrand.

BERTRAND

Oui ; alors, c'est le roi.

(Il va vers la porte secrète.)

ALMERIK

Avez-vous souvent la visite du roi ?

MARTHA

Oui, quand il séjourne dans son château, nous le voyons fréquemment. Cependant parfois des voyages ou d'autres devoirs le tiennent éloigné, et nous passons plusieurs mois sans le voir.

ALMERIK

Et Yolande, sait-elle qu'il est le Seigneur du pays ?

MARTHA

Non : il est bon que vous me fassiez penser à cela : elle ne le sait certainement pas. Comme nous, elle nomme son père Raymbaut ; c'est le nom d'un fameux troubadour.

ALMERIK

Le roi vient.

SCÈNE DEUXIÈME

Le ROI RENÉ, EBN IAHIA et BERTRAND entrent par la porte secrète. ALMERIK, MARTHA.

LE ROI

Vois, chère Martha, je t'amène Ebn Iahia. Comme je l'apprends, il est déjà venu une fois aujourd'hui. Comment cela va-t-il maintenant ?

MARTHA

A souhait, mon noble roi.

LE ROI

Penses-tu aussi à ce que le médecin t'a ordonné ? N'omets-tu rien ? As-tu soin chaque nuit de bander les yeux d'Yolande ?

MARTHA

Comme vous l'avez prescrit.

LE ROI
(A Ebn Iahia.)

Crois-moi, ce n'était pas facile. Il arrive si rarement qu'elle souffre. Cependant dernièrement un hasard heureux voulut qu'une petite abeille la piquât, pendant son sommeil. Cela nous servit de prétexte. Ah ! sûrement la petite abeille s'est trompée ! Dans ce monde de fleurs, où elle s'épanouissait et croissait comme l'une de ces plantes, l'abeille fut éblouie par ce doux éclat et crut se reposer dans le calice d'une rose..... Pardonne-moi ! C'est un péché de parler ainsi de ma propre enfant...... — Cependant, viens maintenant ! Tu veux voir ce que ton art a produit. Va donc vers Yolande. — Bertrand ? Martha ? suivez-le. Peut-être aura-t-il besoin de vous.

(Le médecin accompagné de Bertrand et de Martha entre dans la maison.)

Eh bien ! Almerik, tu as dû être plein d'étonnement à la vue de cette vallée paisible et tranquille ? Un vrai paradis, n'est-ce pas ?

ALMERIK

Assurément.

LE ROI

Que mon sort serait heureux, si je pouvais passer ma vie ici, au milieu de mes amis, des beautés de la nature, en cultivant les sciences et les arts ! Que je sacrifierais volontiers Naples, la Lorraine et ce triste différend avec Vaudemont......

ALMERIK

Oui, ce différend traine bien en longueur. Mais tout à l'heure vous attendez ici le comte Tristan ; alors tout finira bien.

LE ROI

J'ose l'espérer et cette espérance n'a fait que se fortifier. T'ai-je raconté la visite de Jauffred d'Orange ?

Il vécut longtemps au château de Tristan. C'est lui qui enseigna au comte à faire des vers, et à chanter en s'accompagnant de la harpe. Le jeune comte, au dire de Jauffred, possède un heureux talent pour la poésie, un sentiment délicat et une imagination rare, soutenue par une grande vivacité d'images, quand il exprime ses pensées. Il chanta devant moi un Sirvente (1), que Tristan a composé, plein de noblesse, de la plus grande beauté et de la plus noble vigueur. Je le dis volontiers, quoiqu'il ait été mon adversaire, et alors même qu'il obtiendrait la Lorraine qu'il convoite. — Mais chut ! j'entends parler.

(Il s'avance vers la maison, regarde par la porte qui est restée entr'ouverte.

Ebn Iahia l'a éveillée.... elle ouvre les yeux, elle écoute, elle parle... mais on dirait qu'elle rêve; pendant ce temps il regarde plus attentivement dans ses yeux.

Maintenant il replace l'amulette sur sa poitrine.... et elle s'endort de nouveau.

ALMERIK

Comme c'est étrange!

LE ROI

Oui, étrange au dernier point! Ce Maure a une puissance qui peut effrayer. Il vient. Laisse nous, Almerick.

(Almerick veut s'éloigner.)

Pourtant reste ! Rends-toi au château — je dois séjourner ici. Dès qu'il arrivera une lettre de Tristan, hâte-toi de me l'apporter. Maintenant tu connais le signal, et tu sais aussi où l'on sonne.

(1) Le Sirvente (de l'arabe *Shir* chant) était une espèce de poésie familière aux troubadours provençaux, divisée en strophes destinées à être chantées.

ALMERICK

Oui, mon roi !

(Il s'en va, lorsque Ebn Iahia sort de la maison.)

LE ROI

Cher Ebn Iahia, viens-tu comme la colombe m'apporter le rameau d'olivier ? Tu parais pensif, mystérieux comme ton art. Je ne puis rien lire sur ton visage.

EBN IAHIA

J'ai la meilleure espérance, mon noble roi !

LE ROI

En vérité? Ah ! tu es mon messager du ciel ! ton visage sombre, semblable à celui de ce Maure qui s'agenouilla devant la crèche du sauveur, me montre une étoile dans la nuit la plus triste. Oh! parle ; sur quoi fondes-tu ton espérance; quel est ton avis, et qu'as-tu décidé? Dans un ouvrage que j'ai lu autrefois, il est dit que souvent un œil malade est guéri par une incision hardie. Cela, tu ne le veux pas, mon Ebn Iahia ? Tu sais combien est noble cet organe; tu ne pourras jamais prendre sur toi la responsabilité de t'approcher des beaux yeux de mon Yolande, avec un instrument tranchant. Tu pourrais craindre d'en détruire le bleu profond, cet œil sombre, si plein de mélancolie, qui brille encore si splendide! Oh ! Ses yeux! Comment est-il possible que l'obscurité plane sur des yeux d'un tel éclat?

EBN IAHIA

Pour cela vous n'avez rien à craindre; c'est à peine si j'aurai recours aux instruments.

LE ROI

Tu veux donc en venir là ?

EBN IAIIA

Pardonnez-moi, noble roi, mon procédé est un secret,
aussi bien que mon art; il est difficile d'en donner
l'explication, ce n'est pas l'affaire d'un moment, non !
Préparée depuis longtemps et arrivée au point voulu,
cette expérience réussira; avec l'aide de Dieu, elle doit
aboutir aujourd'hui ; sinon, jamais.

LE ROI

Comment ! Déjà aujourd'hui ?

EBN IAIIA

Oui, dès que le soleil aura disparu à l'horison, et
qu'un léger crépuscule s'étendra comme un voile dans
l'atmosphère, ce sera le moment favorable; alors ses
yeux qui ne connaissent plus la lumière, pourront plus
aisément la supporter.

LE ROI

Ah ! Ebn Iahia — déjà aujourd'hui! De jour en jour,
d'heure en heure, j'ai appelé ce moment de tous mes
vœux et maintenant qu'il est venu, mon cœur bat, et
désire encore l'éloigner. — Cela doit donc arriver ?
Bientôt le soleil va disparaitre, et peut-être avec lui, ma
plus belle espérance !

(Le regardant)

Tu es absorbé. Veux-tu procéder autrement ?

EBN IAIIA

Non certainement.

LE ROI

Dis-moi donc, crains-tu ? N'es-tu pas certain du
succès ? Tu as interrogé les étoiles silencieuses, et
ton pouvoir avait droit à une réponse : cette réponse

a-t-elle été favorable, Ebn Iahia? Les signes étaient-ils heureux?

EBN IAHIA

Oui, ils l'étaient. Je vous ai déjà dit cela autrefois. Cependant — *astra inclinant, non necessitant.* Ils influent sur la destinée des hommes, cependant ils ne forcent pas les lois de la nature. Pourtant, rassurez-vous, je n'ai pas de craintes de ce côté. Il y a un autre empêchement qui risque de compromettre mes soins.

LE ROI

Un empêchement?

EBN IAHIA

Et..... je crains, mon roi, qu'il ne vous soit difficile de laisser mon chemin absolument libre. Yolande doit, avant que je commence mon travail, comprendre ce qui jusqu'à cette heure lui a manqué.
(Avec plus d'expression.)
Et savoir, dès aujourd'hui, qu'elle est aveugle.

LE ROI

Qu'entends-je? Non, Ebn Iahia! Non! Cela ne doit pas être.

EBN IAHIA

Cela doit-être, ou mon art demeurera impuissant.

LE ROI

Non, non! oh! jamais, jamais! veux-tu me forcer à cette cruauté? Quoi! cette ignorance, qui est pour elle une bénédiction, nous devons la lui ravir, non pas à la longue et peu à peu, mais tout d'un coup! tu veux que, subitement, cette terrible vérité pénètre dans son âme ? Et si la cure ne réussit pas ? As-tu oublié comment d'année en année nous avons veillé avec un soin presque incroyable à ce que cette affreuse réalité ne lui fût point dévoilée ? C'est ton propre ouvrage, c'est toi-même qui m'as enseigné la route difficile que je devais suivre. Maintenant veux-tu détruire tout ce que tu as fait ? Pour quelle raison ?

EBN IAHIA

Je veux vous l'expliquer, si vous daignez me prêter une oreille attentive. Vous croyez que toute la faculté de voir a son siége dans l'œil ; mais non, l'œil n'est qu'un moyen. La faculté de voir vient du plus profond de l'âme, et chaque nerf si délicat de notre œil sort du cerveau comme d'une source secrète. Yolande doit connaître son état, et nous devons d'abord lui ouvrir les yeux de l'âme, avant que la lumière puisse briller aux yeux du corps. Il faut qu'en elle surgisse un vif désir, un pressentiment, un besoin de cette lumière. Car vous avez déjà dû remarquer, noble roi, que rien n'est donné à l'homme, s'il n'en a d'abord senti la nécessité, si le cri intime de la nature ne l'a appelé de toutes ses forces. Laissez-moi vous l'expliquer par un exemple qui est près de vous : ce bel art, cette gaie science de la poésie, qui rend au loin la Provence si célèbre, l'homme la tient des muses, n'est-ce pas ? Mais de quelle façon ? Croyez-vous que tout homme la reçoive ? Non ! assurément ! mais celui-là seul dans le sein duquel habitait déjà depuis longtemps, comme en rêve, tout un monde de poésie, et qui un jour s'éveillant, se sent pris du besoin fiévreux de mettre sa vie au service des muses.

LE ROI

Je ne veux pas disputer avec toi, Ebn Iahia ; je ne puis t'égaler en savoir ; mais la voix de sa pitié crie dans mon cœur, beaucoup plus fort que toutes les raisons. — Je ne le puis pas, — non, c'est impossible !

EBN IAHIA

Comme vous voudrez. Je ne puis que vous conseiller. Et si vous ne vous fiez pas à mon conseil, je suis inutile ici. Adieu donc ! je vais au cloître, là vous me trouverez, si vous changez de sentiment. Et faites-y bien attention quand le jour sera descendu derrière cette montagne, avec lui se sera évanoui tout mon pouvoir.

(Il s'en va par la porte secrète.)

LE ROI (seul.)

C'est affreux ! Fallait-il acheter si cher une espérance que je puis voir encore s'évanouir ? Dois-je détruire en un instant toutes ses joies, et les changer en plaintes amères et inconsolables ? Dois-je voir la fleur de sa jeunesse s'évanouir peu à peu, et se flétrir tristement dans le sentiment de son malheur ? Mais c'est l'idée fixe d'Ebn Iahia, et il doit la suivre ; je n'aurai pas de repos qu'il ne m'ait entendu, et qu'il ne se soit rendu à mon avis.

(Il suit le médecin. Un peu avant, entrent Bertrand et Martha.)

MARTHA

Le roi s'en va, mais comme il paraît agité ! et Ebn Iahia, je ne le vois pas non plus. Qu'est-il arrivé ?

BERTRAND

Dieu le sait ! mais cela n'a pas bonne mine : j'ai bien peur qu'à la fin Ebn Iahia ne nous abandonne.

MARTHA

Crois-tu, Bertrand ?

BERTRAND

Dieu veuille que je me trompe ! Mais cet air mystérieux et sombre, dans des hommes taciturnes comme ce
Maure, m'inquiète vivement. Et pour être franc, je sens
le frisson devant celui qui a un pouvoir si effrayant.
Voilà cette enfant étendue sur un lit de repos, comme si
elle était morte ; et il n'a fait qu'un signe, — elle est
tombée comme par enchantement dans un profond
sommeil. Cela n'est jamais bon, Martha !

MARTHA

Sois pourtant sans inquiétude, et ne vas pas te tor-
turer dans cette crainte aveugle. Tu sais bien que dès
qu'elle sort du sommeil, et que l'amulette est ôtée de son
sein, elle est rayonnante, éblouissante de santé. N'est-ce
pas surprenant, comme ce sommeil la fortifie bien plus
qu'une nuit de repos, comme il la soulage, et lui donne
une gaîté charmante ? Oui, ses yeux, je l'ai souvent
remarqué, ont toujours plus d'éclat, quand elle s'éveille,
comme si les rayons de la lumière avaient la faculté d'y
pénétrer quand elle dort ; cela, je l'espère, est pour nous
un signe de bon augure.

BERTRAND

C'est possible ; tu as raison, il faut voir. — Allons-
nous-en maintenant. Nous avons encore affaire avec nos
gens qui travaillent là-bas ; nous pouvons nous éloigner
d'Yolande, elle dort et ne peut se réveiller sans nous,

(Ils sortent par derrière la maison.)

SCÈNE TROISIÈME

TRISTAN DE VAUDEMONT, JAUFFRED D'ORANGE,
(Chacun avec une harpe sur l'épaule.)

JAUFFRED
(A côté de la porte secrète.)

Faites attention. Cette sombre muraille n'a pas d'ouverture.

TRISTAN
(De même devant la porte.)

Mais devant nous .... Vois donc, ici c'est une porte.

JAUFFRED

Une porte ?

TRISTAN

Patience.... voici le verrou.... il s'ouvre.
(Tous deux entrent.)

Que vois-je ?

JAUFFRED

Ciel ! quel parfum de fleurs !

TRISTAN

Un jardin.... ici ? au milieu d'une montagne sauvage !
Et quelle beauté, quel arrangement.... Vois-donc !

JAUFFRED

Je suis ravi !

TRISTAN

Quel est le propriétaire de ces lieux ? Vous connaissez
certainement la contrée, vous habitez ici tout près.

JAUFFRED

Oui, mais que sais-je? Je n'ai jamais soupçonné l'existence de ce jardin. Quelle végétation tropicale! quel parterre de fleurs rares! Voyez ces palmiers gigantesques!

TRISTAN

Et maintenant, regarde l'habitation! Comme c'est charmant! Elle est recouverte à moitié de lierre et de roses! Et les habitants?...

JAUFFRED

Oui, je n'en vois aucun. Je crois que ce jardin s'est élevé ici par enchantement, pendant une nuit d'été, lorsque Diane voulut abriter, derrière ces rochers, l'heure de bonheur qu'elle donnait à Endymion. En tous cas, les propriétaires se sont envolés.

TRISTAN

Non, on habite ici; des bras laborieux cultivent ces jardins. Vois donc, à l'entrée, les traces de quelqu'un qui est passé depuis peu.

JAUFFRED

C'est vrai, et d'un pied léger et mignon. Venez! ces vestiges de pas nous conduiront là où il faut. Ici les pas se dirigent vers l'habitation.

TRISTAN

Non: attendons que quelqu'un se montre. Nous serions indiscrets. C'est déjà beaucoup trop d'être entrés ici de notre propre autorité.

JAUFFRED

Eh bien! Comme vous voudrez: — Que le bonheur dirige ainsi toujours nos pas, et je me résigne très-volontiers. Car, en vérité, il faut appeler cela du bonheur : à quelques pas du cloître, nous avançons encore sans préoccupation, tout heureux des sites plus riants qui se déroulaient devant nous, quand j'aperçois le roi René, suivi du médecin de Cordoue. Vous voulez l'éviter, vous me suivez, et pendant que nous fuyons à travers les rochers, nous découvrons tout à coup, au pied de la montagne, l'entrée si habilement déguisée; nous nous hasardons, nous tâtonnons d'abord dans les ténèbres, et puis... nous voilà ici. — Maintenant dites-moi pourquoi vous avez voulu éviter le roi ? C'est pour lui que vous êtes venu ; vous m'avez invité à vous suivre, pour votre visite de ce matin, et vous êtes, — tout le monde le sait, — fiancé à sa fille.

TRISTAN

Fiancé ? oui, on le dit ; pourtant je n'étais âgé que de neuf ans quand cela eut lieu. Mon père fit cette convention avec le duc de Bourgogne, lorsque son différend fut porté devant le roi. Mais maintenant, Jauffred, je ne suis plus un enfant. Comme cette convention m'a pris mon meilleur droit, elle m'a blessé profondément, et ce mariage me sourit médiocrement : je suis venu ici malgré moi, et je n'ai pas envie de faire un pas de plus.

JAUFFRED

Je le regrette pour le roi René. Je sais que depuis longtemps, il saluait dans ce mariage une heureuse solution de toutes les difficultés.

TRISTAN

Cela peut lui plaire, je le crois. — Connaissez-vous la fille ?

JAUFFRED

Non, elle a été élevée dans un cloître, au fond de l'Espagne, et c'est pour notre arrivée qu'on l'a fait revenir. — Mais nous oublions où nous sommes. Nous sommes entrés, et la beauté de ces lieux nous enchaîne. Le point est de savoir si nous pouvons aisément en sortir.

TRISTAN

Ne crains rien.

JAUFFRED

Ne voulez-vous pas savoir s'il y a quelqu'un dans cette habitation ? Sonnez ! Voulez-vous que je sonne ?

TRISTAN

Non, laisse-moi. Au cas qu'un démon possède ce lieu, il est juste que je coure le premier danger, moi qui t'ai amené.

(Il frappe à la porte.)

Non, personne n'approche.

JAUFFRED

Essayez d'ouvrir la porte.

TRISTAN

Elle ne veut pas s'ouvrir.

JAUFFRED

Essayez encore, vous y parviendrez.

TRISTAN

Eh bien ! la voilà ouverte !

(La porte s'ouvre.)

Ciel, Jauffred, quel tableau !

JAUFFRED

Un démon ?

TRISTAN

Comment! Un démon? — Oui, je crois.., Un de ces démons brillants de lumière. — Regarde!

JAUFFRED
(Il regarde dans l'intérieur.)

Une femme ravissante, sur une couche voluptueuse! elle dort, oui.

TRISTAN

A sa respiration, son sein se soulève et retombe doucement! Vois, un sourire se joue sur ses lèvres, comme si elle sentait notre étonnement.

JAUFFRED

Tristan! Je vous en prie, éloignons-nous. Cette ravissante apparition me tourmente, non, elle est trop séduisante, trop belle! C'est ici un château enchanté. Oh! fuyons! Un piège secret nous menace. — Tristan, où êtes-vous? Oh! ciel! Il est déjà sous le charme. Les yeux hagards, il reste comme s'il était cloué. — Tristan, allons!

TRISTAN
(qui regarde avec extase dans l'intérieur.)

Parle doucement, Jauffred! elle peut facilement s'éveiller. Parle doucement! Ce serait un crime de troubler ce calme délicieux que le sommeil répand autour d'elle.

JAUFFRED

De grâce!

TRISTAN

Tais-toi, te dis-je. C'est ici un sanctuaire.
(Il s'agenouille les bras étendus vers la porte ouverte.)

Oh! Ne vas pas te fâcher, si mon regard profane ose te contempler, et si je m'approche de ton lieu de repos.

JAUFFRED
(Il le relève.)

Levez-vous ! Cela m'épouvante: vous êtes sous l'empire d'une hallucination magique. Cette apparition est trompeuse. Suivez-moi !

TRISTAN

Je ne le puis.

JAUFFRED

Ne vous tenez donc pas là comme une statue de marbre ! Décidez-vous ! Ne voulez-vous pas fuir d'ici ? Allons, courage ! — Cherchons alors quelle est cette jeune fille. — Eveillez-la.

TRISTAN

Non, — ce serait un crime.

JAUFFRED

Si vous ne le faites pas, je le ferai.

(Il entre,)

TRISTAN

Ah ! le téméraire ! — Il l'appelle, — écoutez ! Quelle audace ! Il presse sa main.

JAUFFRED
(qui sort plein de trouble.)

Fuyons, fuyons, elle ne peut pas s'éveiller, — elle est sous l'empire d'une force étrange, diabolique; venez donc, je tremble. Nous avons violé un sanctuaire, la mort nous menace.

TRISTAN

Un sanctuaire? Oui, vous avez raison. Mais nous devons y trouver la vie, et non pas la mort. Pourtant, quittons ces lieux sacrés, dont nous ne devions pas nous

5

approcher. Elle dort, — ce ne serait pas chevaleresque de rester plus longtemps.

JAUFFRED

Venez !

TRISTAN

Attends ! Un regard, laisse-moi jouir encore d'un seul regard, encore une fois être près d'elle, la contempler, et je te suis aussitôt.

(Il entre.)

JAUFFRED

Voyez, il s'agenouille.... sur sa main il dépose un doux baiser ! Comme il la regarde !... Ah ! il dénoue un ruban de son cou et le prend avec lui. Mais le ciel soit loué, il revient enfin !

TRISTAN
(Il revient.)

Maintenant j'ai gravé bien avant dans mon cœur cette douce image, elle ne peut plus s'évanouir. Oui, allons-nous-en, et craignons ce charme enchanteur. Pourtant j'ai promis de revenir ici, et, si je ne m'abuse, elle a, avec un doux sourire, écouté mon serment. Vois, Jauffred, ce bijou, cette pierre précieuse qui reposait sur son sein; je l'ai prise comme David coupait un pan du manteau de Saül endormi, pour montrer qu'un instant il avait tenu dans ses mains la vie du roi ; que ce bijou témoigne de ma présence ici, et dise que ma vie est aussi dans la main de celle qui dort si profondément. —Viens, Jauffred !

(Lui et Jauffred se rendent à la porte secrète, tandis que Yolande se présente à la porte de la maison.)

SCÈNE QUATRIÈME

Les précédents, YOLANDE.

(Malgré la cécité de Yolande, ses pas sont surs et non hasardés. Seulement, de temps en temps, une attitude attentive, et un doux mouvement de la main, comme si elle sentait quelque chose devant elle, font deviner qu'elle est aveugle. Ses yeux sont ouverts, mais souvent baissés, ou se mouvant à peine sensiblement.)

YOLANDE
(A la porte.)

Martha ! Bertrand !

TRISTAN

Ah ! c'est elle.

YOLANDE

J'entends quelqu'un.
(Elle va du côté du bruit, vers Tristan.)

Qui est là ?

TRISTAN

Un étranger, qui vous demande pardon d'avoir osé vous déranger, et troubler le lieu de votre repos.

YOLANDE

Donne-moi la main.
(Tristan lui tend la main.)

Tu n'es jamais venu ici ; aussi, je ne connais pas ta voix. Tu parlais bien avec Bertrand ou avec Martha quand tu es venu ?

TRISTAN

Je ne parlais avec personne. Un hasard a conduit mes pas ici.

JAUFFRED
(A part, à Tristan.)

Elle demande Bertrand !

YOLANDE
(Entendant.)

Et qui t'a suivi ici ?

TRISTAN

Un troubadour, un chevalier de la contrée.

YOLANDE

Soyez tous deux les bienvenus. Ne voulez-vous pas entrer dans la maison ? Il y fait si bon !

JAUFFRED
(Vite.)

Si vous le permettez, nous nous y reposerons.
(A part, à Tristan.)

C'est ce que nous avons de mieux à faire.

YOLANDE
(qui tient encore la main de Tristan)

Ta main est brûlante, je sens battre ton pouls. La chaleur t'a-t-elle saisi en route ? N'as-tu pas soif ? Attends, je veux t'apporter une coupe de vin.
(Elle va dans la maison.)

TRISTAN

Oh ! quelle ravissante créature ! Quelle céleste et délicieuse piété sur son noble visage ! Et sa douce voix !

JAUFFRED

Vous avez raison ; elle parle, et à l'improviste on a le cœur pris, et il n'y a plus qu'à se recommander à Dieu et à sa toute puissance. Elle est d'une noble maison, sans aucun doute. Cependant il n'est pas inutile de prendre quelque précaution ; si elle vous présente du vin, ne le buvez pas !

TRISTAN

De sa main, je boirais la mort avec joie.

(Yolande revient avec un vase et une coupe.)

YOLANDE

Voici du vin, dont mon père boit. Pour moi il est trop fort. Voulez-vous le goûter ?

(Elle remplit la coupe et la présente à Tristan.)

TRISTAN
(En buvant.)

A votre santé, jeune et belle dame !

YOLANDE

Présente la coupe à ton ami, s'il en désire. Je veux vous cueillir quelques fruits; — des dattes et des raisins, ou ce que vous désirez.

(Elle cueille de la treille et d'autres arbres des fruits qu'elle place dans une corbeille qu'elle a prise sur la table.)

TRISTAN
(Présentant la coupe à Jauffred.)

Tiens, Jauffred, bois !

JAUFFRED

N'avez-vous rien senti ? aucune défaillance ?

TRISTAN

Non, sois donc tranquille !

JAUFFRED

Est-ce bien du vin ?

(Il le goûte.)

Ciel ! du Malvoisie ! le roi René n'en a pas de meilleur ;
Tristan, je bois le vin, vous êtes responsable.

(Il boit.)

Ah ! quel vin ! En vérité, où l'on trouve une pareille
boisson, le démon n'a aucun pouvoir.

YOLANDE

(S'approchant de nouveau.)

Voici des fruits, si vous en désirez. Je les mets sur la
table.

JAUFFRED

Ravissante dame ! Vous nous avez déjà si bien traités,
vous nous avez offert dans une coupe un vin si rare et
si agréable, que nous pouvons, sans crainte de nous
tromper, nous croire les hôtes d'une riche et noble maison. Le vin et la beauté appellent le chant ; si vous voulez bien prêter une oreille amicale à mes paroles, qui se
marient facilement avec la rime, je vous exprimerai nos
sentimens de reconnaissance.

(Il prend une harpe, et après quelques préludes, chante les vers qui
suivent, avec un accompagnement très-simple.)

La puissance du vol révèle
Le faucon planant dans l'azur ;
Quand la terre se renouvelle,
Que l'air est tiède et le ciel pur,
Un trille, à la note perlée,
Qui soudain jaillit d'un rosier,
Annonce à la nuit étoilée
Le rossignol au doux gosier.

Par son grand cœur et sa vaillance,
Par sa devise et son pennon,

Par ses conseils pleins de prudence,
Le chevalier a son renom ;
Mais la harpe, au vibrant murmure,
Le chant qui soupire d'amour,
Ou bruit comme un choc d'armure,
Font la gloire du troubadour.

(Il change de ton.)

Sitôt que de la salle où siégent, dans la joie,
Dames et chevaliers, il a franchi le seuil,
Dans des vers merveilleux, où son art se déploie,
Il chante leur louange et leur courtois accueil.
Et si le jeune page avec grâce s'empresse
De lui venir offrir la coupe du festin,
Le cœur du troubadour à la bonté du vin
Du toit hospitalier reconnaît la noblesse.

(Il finit par un accord fortement accentué.)

YOLANDE

Ton chant est beau ; il révèle un art élevé et rare.

TRISTAN

Mon ami est le plus fameux des jeunes troubadours
de Provence.

YOLANDE
(A Tristan.)

Et toi, sais-tu chanter aussi ?

TRISTAN

Ah ! je suis seulement son élève : mais.... votre bonté
gracieuse m'engage à chanter, aussi je vous prie de n'a-
voir égard qu'à mon désir de vous être agréable.

(Il entremêle chacun des vers suivants avec quelques accords de
harpe.)

Fuyant la vivante cité,
Je m'enfonçai dans la montagne ;

Je regardai de tout côté :
Plus de sentier dans la campagne.
Je me crus seul dans un désert.
Soudain s'ouvrit cette vallée,
Et je vis au bout d'une allée
Ce merveilleux Castel derrière un rideau vert.

Et dans ce val où je m'avance
Nul, zéphir n'agite un roseau,
Et nul écho dans le silence
Ne redit le chant d'un oiseau.
Ce doux séjour me paraît être
Le sanctuaire du sommeil ;
Palais magique dont le maître
Aime à se reposer quand règne le soleil.

Et de la porte à demi-close,
Je vis un front blanc et vermeil.
Telle sur l'églantier, la rose
Qu'effleure l'ange du sommeil
Doucement ferme sa corolle ;
Telle tu parus à mes yeux,
O beauté pure, ô chaste idole,
Pendant qu'autour de toi tout dormait en ces lieux,

Si ta couronne se dénoue,
La flamme dans l'âtre s'éteint,
Le zéphir rêve sur ta joue,
Le palmier sur ton front se joue
Et le jour semble à son déclin !
Tout pour toi vit et respire,
Tout veut avoir le même sort,
L'arbre, la flamme, le zéphire
Chaque objet, saisi de délire,
Avec toi veille ou bien s'endort.

Tu t'éveilles : l'âme et la vie
Soudain renaissent sous ce toit,
Co me au soleil qui vivifie;
A toi donc, rose épanouie,
Ce doux chant inspiré par toi !

YOLANDE

(A Tristan, après une pause pendant laquelle elle paraît toute absorbée.)

Donne-moi la harpe.

(Elle prélude sur la harpe et chante les vers suivants.)

Sachons accueillir avec grâce,
Et recevoir avec honneur
Le poète inspiré qui passe
L'œil rayonnant, la joie au cœur.

Gloire à lui, si ses doigts habiles,
Comme des oiseaux voltigeant,
Font vibrer les cordes mobiles
De la harpe au timbre d'argent.

La parole rampait timide;
Sur sa lèvre elle prend l'essor.
Il transforme la chrysalide
En papillon aux ailes d'or.

Il chante, et la salle charmée
Résonne à ses vers caressants ;
L'air retient son souffle, et pâmée
Dans son atmosphère embaumée
La fleur se berce à ses accents.

A vous deux : honneur et largesse !
Nos mains devraient vous couronner
Vous dont la voix enchanteresse
Verse au cœur une sainte ivresse
Que nul nectar ne peut donner.

Ici, dans la fraîche vallée,
Sur un arbrisseau dont la fleur
Parfume au loin la verte allée
Se pose un oiseau voyageur.
Et dans les nuits calmes et claires,
Comme des perles sur le sol
Il jette ses notes légères :
Cet oiseau, c'est le rossignol.

Nul ne peut sur le luth m'apprendre
Les chansons de son doux gosier ;
Nulle voix ne saurait nous rendre
Le chant qu'il dit sur le rosier !

O troubadours, pouvez-vous dire
Où le génie a son berceau ?
Est-ce la brise qui soupire,
Ou le murmure du ruisseau ?
Est-ce une ondine aux chastes poses !
Est-ce le sylphe du vallon
Se balançant au sein des roses
Loin du souffle de l'aquilon,
Qui dans la nuit vous fit entendre,
Dans des heures d'isolement
De regret ou d'abattement,
Ces chants que seuls vous savez rendre.
Ces chants si purs, si gracieux,
Ces strophes aux ailes vermeilles
Qui comme un riche essaim d'abeilles
Montent sonores vers les cieux !

JAUFFRED

Quelle haute poésie !

TRISTAN
(A Yolande.)

Du rossignol à nos yeux vous égalez le chant. Oh que
ne suis-je le moindre, le plus petit des oiseaux, qui bâ-

tissent leur nid dans votre voisinage, pour entendre toujours vos mélodieux accents !

JAUFFRED

Noble dame, me permettez-vous de vous adresser une
question que l'admiration me dicte ? Vous vivez ici se-
parée du monde. Personne, parmi les chevaliers et les
dames de la Provence, n'a jamais connu vos rares ta-
lents. Quelle est votre famille et qui est votre père ?

YOLANDE

Comment, vous ne le savez pas ! Vous m'étonnez. Il
ne vient ici personne qui ne le connaisse.

JAUFFRED

Alors, dites-moi donc son nom ?

YOLANDE

On le nomme Raymbaut.

JAUFFRED

Raymbaut ? Est-ce un chevalier ?

YOLANDE

Chevalier ?....

JAUFFRED

Ou un guerrier ? Porte-t-il un casque, un bouclier et
des éperons d'or ? Que fait-il ?

YOLANDE

Jusqu'à présent, je ne le lui ai pas demandé.

JAUFFRED

Pourquoi vous tient-on si sévèrement ici ?

YOLANDE
(Étonnée.)

Si sévèrement ?

JAUFFRED

Oui, si solitaire.

YOLANDE

Je ne suis pas solitaire ; en cela tu te trompes beaucoup.

JAUFFRED

Pourtant il n'y a personne ici.

YOLANDE

Non, il n'y a personne ici maintenant…. tu as raison,
— je ne sais trop pourquoi ; ordinairement je ne suis jamais seule. Mais attends un moment, je vais appeler Bertrand — votre venue lui fera plaisir.

(Elle va dans la maison.)

JAUFFRED

Maintenant nous saurons quel est le maître de cette
vallée. Néanmoins, j'ai le pressentiment qu'il y a ici
quelque secret, et le maître de cette vallée ne sera pas
très-content que nous l'ayons surpris.

(On voit la porte derrière la scène.)

Vous pouvez facilement remarquer avec quel art
cette porte est recouverte de mousse et de pierres, de
sorte qu'elle ne se distingue pas du rocher, quand elle
est fermée. Ecoutez mon conseil et demeurez près de la
porte ; je veux attendre jusqu'à ce que l'on vienne, et
alors j'irai à l'entrée de la montagne, afin qu'on ne
vous coupe pas la retraite. Peut-être rencontrerai-je
quelqu'un de nos gens. Si j'aperçois quelque danger, je
reviendrai vite vers vous. — Avez-vous compris, Tristan?

TRISTAN

(Absorbé).

Oui, va toujours, va !

JAUFFRED

Votre cœur est-il pris? cette jeune beauté vous a-t-elle séduit?

TRISTAN

Non, je suis malade. Ma tête tourne! je suis tenté de croire que cette vallée tranquille a été le terme des aspirations de ma vie, et que mes rêves de conquête doivent finir ici.

JAUFFRED
(sérieux.)

Oui, mais n'oubliez pas que le roi René vous attend.

TRISTAN

Qu'ai-je à faire du roi René? Pour une province qui m'appartient de droit, que notre épée a conquise, dois-je, à la fleur de mes jours, me laisser enchaîner à sa fille que personne ne connaît, que personne n'a vue... à moins qu'ici je...

JAUFFRED

Vous délirez. Ce que l'avenir attend de vous, vous ne l'ignorez point. Mais vous êtes fasciné. Etouffez dans votre poitrine cette flamme dangereuse.

TRISTAN

Si j'en avais le pouvoir, serais-je alors sous le charme?

JAUFFRED

Quelqu'un vient... chut!

(Yolande revient.)

YOLANDE

Vous êtes ici?

JAUFFRED

Voulez-vous nous conduire au maître de la maison?

— 50 —

YOLANDE
(Un peu attristée.)

Hélas, tous sont sortis, personne n'a répondu à mon appel... Ils m'ont laissée seule.

TRISTAN

Ils reviendront bien.

YOLANDE

Assurément, car ils sont sortis pour la vendange. D'habitude je les suis et il y a toujours quelqu'un près de moi.

JAUFFRED
(Tout bas à Tristan.)

Vous restez ici ?

TRISTAN

Je reste.

JAUFFRED

Bon, je fais donc comme je disais.
(Il fait à Yolande un salut qu'elle ne lui rend pas.)

YOLANDE
(Ecoutant.)

Ton ami sort ?

TRISTAN

Il va revenir... Oh pardon !... laissez-moi réparer une faute, et ne m'en veuillez pas. Pendant votre sommeil, je vous ai dérobé un petit bijou que je voulais garder en souvenir. Le voici.

YOLANDE

Ou ?
(Tristan lui rend l'amulette que dans la scène troisième il avait prise sur sa poitrine.)

Un bijou qui m'appartient ?

TRISTAN

Oui, je le pense.

YOLANDE

Ce n'est pas à moi : cependant je veux le demander à
Martha.

(Elle porte l'amulette sur la table.)

TRISTAN

En retour donnez-moi une de ces roses rouges, qui
étalent parmi toutes ces fleurs leur beauté incomparable,
et sont votre fidèle image.

YOLANDE

Comment ! une rose ? volontiers.

(Elle cueille une rose blanche et la lui donne.)

TRISTAN

Mais celle-ci est blanche ! donnez-moi la rouge, qui est
aussi belle que vous.

YOLANDE

Que veux-tu dire ? une rouge ?

TRISTAN
(Montrant.)

Oui, de celles-ci.

YOLANDE

Eh bien ! prends-la toi-même.

TRISTAN

Non, je veux garder celle que vous avez choisie, celle
que votre main a cueillie. Et au fait, j'apprécie votre
choix. Une rose blanche, dans le calice de laquelle som-
meille le rouge languissant et magique, ressemble à la
beauté rêveuse de ce jardin. Donnez-moi encore une
rose, encore une blanche, je veux en orner ma toque, et
porter vos couleurs favorites.

YOLANDE
(Elle cueille une rose, et la lui donne, mais c'est une rouge.)

En voici une, qu'en dis-tu?

TRISTAN
(Étonné.)

Je vous en demandais une blanche,

YOLANDE

Eh bien ! et celle-ci ?

TRISTAN

Celle..., celle-ci *(à part)* ah? quel pressentiment ! *(haut.)*

Non, dites...

(Il tient élevées au-dessus de lui ces roses avec d'autres qu'il a cueillies.)

Combien de roses ai-je dans la main ?

YOLANDE
(Dirige la main vers elles sans ouvrir les yeux.)

Alors, donne les moi.

TRISTAN

Non, sans les toucher.

YOLANDE

Comment le puis-je ?

TRISTAN
(A part.)

Ah ! elle est aveugle, la pauvre fille !
(Haut et avec lenteur.)

Je crois pourtant qu'on le peut.

YOLANDE

Non, tu fais erreur, si je veux reconnaître la forme des choses, leur nombre, il faut que je les touche ; cela n'est-il pas clair ?

TRISTAN

(Troublé.)

Oui..... certainement..... vous avez raison... Pourtant essayez,.....

YOLANDE

Comment ? Essayer ? Explique-toi !

TRISTAN

Je pense qu'il y a..... qu'il y a des choses, que l'on peut reconnaitre seulement par la couleur, comme certaines étoffes.

YOLANDE

Tu veux parler de la nature, de la forme, n'est-ce pas ?

TRISTAN

Oh ! non, je ne veux pas parler de cela du tout.

YOLANDE

Est-ce donc si difficile de reconnaitre les fleurs ? Les roses ne sont-elles pas rondes, frêles, délicates, aussi veloutées que le souffle du zéphyr, douces et chaudes comme un soir d'été ? Les œillets ressemblent-ils aux roses ? Non. Leur parfum enivre, comme le vin que je t'ai donné. Et le cactus, n'a-t-il pas des pointes aiguës qui piquent, comme le vent, par un froid rigoureux ?

TRISTAN

(A part.)

O merveille ! *(haut,)* Ne vous a-t-on jamais dit que les choses peuvent se reconnaitre, quand elles sont éloignées..... par le secours,..... des yeux ?

YOLANDE

Eloignées ? Oui, je reconnais le petit oiseau perché sur le toit à son gazouillement ; et tous les hommes égale-

4

ment à leur voix : le coursier rapide, que je monte chaque jour, je le reconnais de loin à son pas, à son hennissement. — Mais à l'aide des yeux? on ne me l'a jamais dit. Est-ce donc quelque chose, avec quoi on examine? Est-ce un instrument fait avec art, est-ce seulement un outil? Je ne connais pas la vue. — Peux-tu m'expliquer l'usage et la nécessité des yeux?

TRISTAN
(A part.)

O Dieu! elle ne sait pas même qu'elle est aveugle!

YOLANDE
(Après une petite pause)

D'où viens-tu? Tu emploies tant de mots que personne ici ne connaît, et dans ton discours, comme je te l'ai déjà dit, il y a tout plein de choses nouvelles et inconnues pour moi. La vallée, où est ton foyer, est-elle donc si différente de ces lieux? Reste ici, si tu le peux, et enseigne-moi tout ce que j'ignore encore.

TRISTAN

Non, ma jeune et ravissante dame, non! Je ne puis pas vous apprendre ce qui vous manque.

YOLANDE

Si tu le veux, je crois que tu le peux. On dit que je suis intelligente, pleine de bonne volonté. Ceux qui sont déjà venus ici m'ont enseigné tant d'autres choses, que j'ai facilement comprises. Essaie seulement, je ne crois pas me tromper; tu es bon pour moi; ta voix est douce et amicale; tu ne repousseras pas ma demande. Oh! parle!... Je suis suspendue à tes lèvres.

TRISTAN

Hélas, c'est peu pour vous d'être attentive. Pourtant..... dites-moi..... vous avez appris certainement, qu'aucune partie de votre corps, si ravissant, n'est sans utilité et sans but. Avec les mains et les doigts, vous saisissez une foule de choses ; vos pieds, quoique si mignons, vous transportent facilement où vous voulez. Le bruit, le son des mots descendent jusqu'à votre âme, par le tuyau de votre oreille. Les discours coulent à flots de vos lèvres ; l'air séjourne librement dans votre poitrine, qui se soulève et retombe sans effort.

YOLANDE

Oui, j'ai bien remarqué tout cela : ensuite ?..

TRISTAN

Eh bien ! dites-moi donc : pourquoi, le Tout-Puissant nous a-t-il donné des yeux? A quoi peuvent servir ces deux étoiles qui brillent d'un si merveilleux éclat, alors même que les rayons du jour ne viennent pas les illuminer.

YOLANDE
(Elle se touche les yeux et réfléchit.)

Tu me demandes à quoi ils servent ?..... Comment, tu me le demandes ! Il est vrai que..... je n'y ai jamais songé. Eh bien ! mes yeux, — c'est tout simple, — si le soir je suis fatiguée, le sommeil s'appesantit d'abord sur mes paupières, et de là s'étend sur tout le corps, à peu près comme la sensation me vient de l'extrémité des doigts. C'est là une première utilité que je leur trouve. Mais n'as-tu pas souvent appris à quoi ils peuvent te servir? Dernièrement je plantais un petit rosier, un petit animal sauta tout-à-coup, et me mordit au doigt, et la douleur m'arracha des larmes. Une autrefois, je me chagrinais depuis longtemps, parce que mon père tardait à venir; et quand il arriva, je me pris à pleurer. Les larmes soulagèrent mon cœur, qui était si gros, et c'est par les yeux que ces larmes s'échappèrent. Ne me demande donc plus pourquoi le Tout-Puissant m'a donné deux yeux. Par eux, quand je suis fatiguée, m'est envoyé le repos; par eux ma douleur s'en va, et par eux ma joie s'exhale.

TRISTAN

O pardon! ma question était imprudente, car au fond de votre âme, il y a une telle clarté, que vous n'avez pas besoin de celle que nous recevons de la lumière par les yeux. Dois-je croire, que, rejeton d'un être inconnu, votre nature généreuse est plus heureusement douée que la nôtre? Vous vivez ici solitaire, et cette vallée semble née, par enchantement, au sein de ces montagnes. Etes-vous venue de l'Orient, avec une troupe de Péris, ou bien, êtes-vous l'une des filles de Brahma, que la magie a transportée ici! O belle inconnnue! si vous descendez des hommes, qui appellent la terre leur mère, êtes-vous, comme moi, sensible aux plaisirs passagers de cette vie? Alors accueillez favorablement l'hommage d'un chevalier; écoutez mon serment: jamais une femme, si noble ou si belle qu'elle soit, n'effacera votre image gravée au plus profond de mon âme.

YOLANDE
(Après une pause.)

Comme ta parole est entraînante! Dis-moi quel maître t'a enseigné un langage si séduisant, mais que je ne

puis comprendre? Il me semble marcher dans un chemin, où mon pied n'était jamais passé. Et pourtant,
tout, tout ce que tu me dis, me paraît si divin, si ravissant ! — O parle encore..... Mais non, ne parle pas,
laisse-moi peser quelque temps, dans mon âme, toutes
les paroles, source de tant d'angoisse et de tant de
bonheur.

(Jauffred entre précipitamment.)

JAUFFRED
(A part à Tristan.)

Dans le lointain j'ai vu des hommes s'approcher. N'oubliez pas que nous sommes seuls ici.

TRISTAN
(A Yolande.)

Noble demoiselle, il me faut vous quitter.

YOLANDE

O non, pourquoi donc veux-tu t'en aller?

TRISTAN

Je reviendrai bientôt, aujourd'hui même. Ne voulez-
vous pas constater ma taille, pour me reconnaître facilement, quand nous nous reverrons?

YOLANDE

A quoi bon cela? Je sais que peu sont aussi grands
que toi. Tes paroles me viennent de haut, voilà pourquoi
il est difficile de les comprendre. D'ailleurs, est-ce que
je ne connais pas ta voix? Nul ne parle comme toi. De
tous les accents de l'homme, de la nature, ou des instruments que je connais, rien n'a une harmonie aussi
agréable, aussi flatteuse, aussi pleine et aussi douce, que
ton langage. — Crois-moi, je te reconnaîtrai.

TRISTAN

Adieu donc, jusqu'au revoir.

YOLANDE

Donne-moi ta main. — Adieu ! tu vas revenir et bientôt ? Tu le sais, je t'attends.

TRISTAN

(S'agenouillant, lui baise la main.)

Oh ! N'en doutez pas, je reviendrai bientôt. Le cri de mon cœur m'attire ici. En m'en allant, je vous laisse la meilleure partie de moi-même, et l'autre, croyez-le bien, ne saurait demeurer longtemps loin de ces lieux. Adieu !

(Il va avec Jaufred, qui a déjà gagné d'avance la porte cachée, et il sort par cette porte.)

YOLANDE

(Seule, écoutant.)

Il s'en va ! son pied léger fait retentir ces montagnes, où si souvent résonne le pas de l'étranger. — Oh ! chut, je ne l'entends plus. — Si, encore une fois... mais maintenant c'est fini.

(Après une petite pause.)

Reviendra-t-il ? S'il allait, lui aussi, comme tant d'étrangers, ne venir qu'une fois? Non. Oh, non! Il a promis, il a dit oui, il reviendra aujourd'hui encore. Cependant la rosée tombe, il se fait déjà tard. Non, aujourd'hui il ne le peut pas. Peut-être viendra-t-il demain... Ah! maintenant que ce lieu est solitaire !

SCÈNE CINQUIÈME

YOLANDE, MARTHA, plus tard le ROI RENÉ et EBN IAHIA,
enfin ALMÉRIK.

MARTHA
(Vient de derrière la maison et se hâte quand elle aperçoit Yolande.)
Aimable enfant! Que vois-je! Éveillée... et ici?

YOLANDE
O Martha, viens donc! où étais-tu?

MARTHA
Dans les champs près de nos gens. Mais dis-moi:
qui..., qui t'a éveillée?

YOLANDE
Je me suis éveillée de moi-même.

MARTHA
Que dis-tu? De toi-même?

YOLANDE
Oui, au moins que je sache. Ecoute! Tu ne sais pas,
tout à l'heure, il y avait une visite ici.

MARTHA
Une visite? Tu plaisantes, de qui?

YOLANDE
De deux étrangers, que je ne connaissais pas du tout,
et qui n'étaient encore jamais venus. Quel dommage que
tu fusses sortie!

MARTHA

Enfant ! Parle sérieusement ! Des étrangers ? Et d'où ?.. Comment ?... Je pense...

YOLANDE

D'où ils sont venus ? Je ne l'ai pas demandé. Tu m'as dit que l'on ne doit pas faire de demande à l'hôte qui vient chez nous, ni le tourmenter.

MARTHA
(Se remettant.)

Mais, qui était-ce donc, mon enfant ?

YOLANDE

Je ne le sais pas, cependant...

MARTHA

Etais-tu seule ?

YOLANDE

J'ai crié après toi, tu ne m'a pas entendue.

MARTHA
(A part.)

Mon Dieu, serait-ce possible...
(Haut.)
Raconte-moi donc...

YOLANDE

Ah ! Martha, personne de nos visiteurs ne ressemble à ces étrangers, du moins à l'un deux. Il faut certainement qu'il vienne d'un pays merveilleux et tout à fait différent du nôtre, car ses discours étaient pleins de force et de suavité, ils étaient aussi affectueux que toi-même.

(Le roi René et Ebn Iahia entrent sans être remarqués, par la porte cachée, et demeurent derrière la scène, écoutant.)

Il me salua par un chant, ô Martha! un chant si mélodieux, si ravissant qu'il m'arracha des larmes et pourtant je ne l'ai saisi qu'à moitié.

MARTHA

Mais remets-toi, mon amour!
(A part.)
Que dois-je apprendre?
(Haut.)
Mais dis, de quoi a-t-il parlé avec toi?

YOLANDE

De beaucoup — de beaucoup de choses, qui étaient pour moi nouvelles et inouïes. Il en savait tant, qu'on ne m'avait jamais apprises! Il disait, — mais malheureusement je ne le comprenais pas — il disait, qu'on peut reconnaître beaucoup de choses avec le secours des yeux.

MARTHA
(A part.)

O mon Dieu!

YOLANDE

Comprends-tu, ce qu'il a voulu dire?

MARTHA
(Aperçoit les nouveaux venus.)

Le roi, ciel!

LE ROI
(A part à Ebn Iahia.)

Qu'entends-je! Elle est déjà instruite...
(Il s'avance avec le médecin.)
Mon enfant!

YOLANDE
(Lui saute au cou.)

Ah! cher père, tu es là!

LE ROI

Je t'amène ton maître, Ebn Iahia.

YOLANDE

Lui aussi? Où est-il?

(Ebn Iahia lui tend la main.)

Laisse-moi te saluer.

LE ROI

(prend Martha à part, pendant qu'Ebn Iahia parle avec Yolande.)

Qu'est-il arrivé?

MARTHA

Ah! Dieu, je ne sais pas. Nous comptions qu'elle ne pouvait s'éveiller, lorsqu'elle avait été plongée dans son sommeil, et voilà que — au moins elle l'assure, mais cela semble impossible — tandis qu'elle dormait un étranger est venu ici.

LE ROI

Imprévoyant que je suis! En suivant Ebn Iahia, j'ai entièrement oublié de fermer la porte. Cet étranger, Martha...

MARTHA

A parlé, autant que son agitation l'indique, de sa cécité.

LE ROI

De sa cécité! Mais le ciel a donc voulu qu'elle la connût avant notre arrivée. — Eh bien, allons.

(Il fait signe au médecin Ebn Iahia.)

Ebn Iahia, avez-vous entendu?

EBN IAHIA

Le hasard nous a favorisés, oui, un étranger l'a éveillée. J'ai trouvé l'amulette sur cette table. Néanmoins ce qu'elle a appris jusqu'à présent de son état est pour elle encore bien vague, je dois insister par conséquent pour que vous l'instruisiez, comme vous l'avez promis.

LE ROI

J'y ai déjà pensé.

(Yolande, qui s'est jusque-là entretenue avec Martha, s'approche.)

Prête-moi une oreille attentive, mon enfant! Je ne dois plus te cacher maintenant que ta vie est arrivée à une phase décisive. Veux-tu m'écouter avec patience? Seras-tu assez courageuse, s'il t'arrive des épreuves inattendues, pour apprendre à les supporter?

YOLANDE

Parle donc, père! L'épreuve sera bien moindre si ta bouche me l'annonce.

LE ROI

Écoute donc, Yolande. Je ne sais pas ce que l'étranger t'a dit, cependant je crois qu'il t'a dévoilé ce qu'avec soin je t'ai caché jusqu'ici : il t'a dit qu'il manque à ton âme un puissant moyen, pour connaitre le monde qui t'entoure. Et cela est vrai. — Car ce qui te manque c'est le don de la vue.

YOLANDE

C'est ce qu'il me disait, et cependant je ne le comprenais pas.

LE ROI

Sache donc, qu'il y a une force que l'on nomme la lumière ; comme le vent et la tempête, elle descend d'en haut sur nous, et cela avec la rapidité de l'éclair. L'objet qu'elle frappe, tombe d'une façon particulière sous nos sens, il revêt un caractère qui lui est propre, et souvent cette lumière coïncide avec la chaleur. Elle nous arrive par l'intermédiaire des yeux, et par cette faculté de la vue, nous percevons exactement l'univers, tel qu'il est sorti des mains du créateur, pour révéler sa sagesse et sa bonté. Ce que tu as compris jusqu'ici avec peine, les yeux nous apprennent à le voir et à le saisir facilement, quant à l'essence et à la forme.

(D'une voix émue.)

Tes yeux ont perdu cette puissance de bonne heure. Les magnifiques splendeurs du monde, sa brillante richesse, te furent fermées, chère enfant, quand tu entrais à peine dans la vie. Et tous nos soins ne surent que bien imparfaitement réparer un malheur si précoce. Nous pouvions seulement éloigner de tes épaules ce lourd fardeau de l'épreuve, et t'en cacher la source amère.

YOLANDE

Hélas, mon père, quel langage surprenant et pour moi incompréhensible! Comment, l'univers, tel qu'il est sorti des mains du créateur, je ne le connaissais pas? Il était un secret pour moi? Mais peux-tu bien le dire? Mon créateur, je ne l'ai pas entrevu dans les œuvres de la création? La puissance du vent, les douceurs de la brise, la chaleur qui nous pénètre, la forme de la terre, et le pouvoir qu'elle a de faire germer des fleurs et des fruits, les pierres, les métaux, les fleuves, et le ramage harmonieux des oiseaux, toutes ces choses ne m'ont-elles pas révélé le créateur dans l'univers? Et n'ai-je pas appris de toi, et de tous ceux qui me sont chers, à comprendre la pensée de Dieu dans le monde? Moi-même, ne suis-je pas une expression de sa volonté? De quelque côté que je me tourne, dans la nature, dans la puissance de la parole, dans mon être en particulier, dans la suite des pensées, qui indéfiniment se déroulent, partout et toujours la même voix se fait entendre, et tout me parle hautement de Dieu et de ses œuvres.

LE ROI
(A part à Ebn Iahia.)

Hélas, Ebn Iahia! La voilà donc détruite cette douce illusion?

YOLANDE

Explique-moi une chose. Je dois saisir le monde avec les yeux. Tout à l'heure, cet étranger qui est venu, et dont la parole s'est gravée si profondément dans mon âme, m'a aussi parlé de la vue. Qu'est-ce donc que la vue? Puis-je, ô mon père, puis-je voir sa voix, qui me remplissait de tristesse et de joie? Puis-je voir des yeux le chant du rossignol, qui si souvent me faisait rêver, et qu'en vain, je m'efforçais de suivre? Son chant serait-il une petite fleur, sans branches, sans tige et sans feuilles, et dont pourtant je savoure le parfum?

LE ROI

O ma fille! chacune de tes questions multiplie ma tristesse. Aie confiance en moi. Laisse à des temps meilleurs de t'éclairer sur tout ce que tu ne comprends pas encore. Sache seulement un chose: j'ai une espérance, et c'est elle qui jusqu'ici m'a soutenu; j'espère que la vue te sera rendue, que tes yeux s'ouvriront de nouveau pour recevoir les rayons de la lumière. Oh ! Que Dieu nous l'accorde! Ton noble ami et maître, Ebn Iahia, a déjà depuis longtemps préparé l'heure décisive qui doit

combler tous nos vœux; maintenant cette heure est
venue, ma bien aimée, ma chère fille? Aie confiance en
lui! Va avec lui — Martha doit te suivre. Tu seras
d'abord plongée dans un profond sommeil.... et, de ce
sommeil, si c'est la volonté du Ciel, tu te réveilleras.....

(il s'arrête.)

YOLANDE

Qu'as-tu donc? Tes mains tremblent? O père, n'es-
tu pas heureux de voir enfin cette heure tant désirée?
Crains-tu que cela tourne mal? Ne serais-je pas encore
ton enfant, que tu aimeras toujours, et qui sera heureuse
de ton amour et de son sort? Laisse-moi donc aller.

LE ROI

Ma fille!

YOLANDE

Oh! ne crains rien. Ce que mon sage maître a préparé
réussira certainement — oui, je le sais; j'en ai le pressentiment, comme si je connaissais déjà cette singulière
puissance que tu appelles la lumière; on dirait que, de
toutes parts, elle commence d'entrer dans mon âme. Ah!
lorsque le merveilleux étranger était ici, je ressentais en
moi un frémissement que jusqu'alors je n'avais pas
éprouvé, et chacun de ses mots, résonnait dans mon
âme, comme l'écho d'une musique nouvelle et inconnue
pour moi. — Tu disais, n'est-ce pas, que la force de la
lumière est très rapide, qu'elle nous émeut profondément,
et que, sans doute, elle réchauffe le cœur?—Oh, je le sais
bien! si c'est là ce que tu nommes la lumière, un pressentiment me dit, qu'aujourd'hui je la verrai. Pourtant
tu t'abuses en un point: ce n'est pas avec l'œil que

l'on voit: c'est avec le cœur. C'est au fond de ce cœur qu'habite, comme un joyeux souvenir, un rayon de la lumière qui m'a déjà touchée, de cette lumière vers laquelle je vole avec espoir.

(Elle entre avec Martha, qui pendant ce temps s'est approchée.)

LE ROI
(Au médecin, qui veut entrer.)

Attends, Ebn Iahia ! — Peux-tu deviner quel est l'étranger qui a troublé la paix de son cœur? Comment expliquer son langage passionné? Qu'en penses-tu?

EBN IAHIA

Il n'est pas facile de voir clair dans l'âme d'une femme, et, je l'avoue, cela contrarie mes plans.

LE ROI

Explique-toi.

EBN IAHIA

Au cas où elle demeurerait opiniâtrement dans les mêmes sentiments pour l'étranger — car elle paraît avoir été vivement frappée — je doute de mon succès. Dans cette hypothèse, un puissant appui est enlevé à mon art. Cependant peut-être y aura-t-il aussi une heureuse combinaison de deux forces pour conduire au même but, et stimuler dans le même sens : dans ce cas, je puis espérer, mais bien peu.

(Il entre.)

LE ROI

Mon Dieu, qui donc était en ces lieux? Si Bertrand n'en sait rien. . . . . .

(Almerik entre par la porte cachée.)

Cher Almerik ! Toi ici?

ALMERIK

Je vous apporte une lettre.

LE ROI

De Tristan ?

(Il décachette la lettre.)

C'est bien de lui.

(Il lit).

Que vois-je ? Écoute ! Il rompt avec moi — l'alliance
conclue, il désire être dégagé. . . . . . .

ALMERIK

Brise-t-il le traité ?

LE ROI

(Lisant.)

O surprise ! Il avoue qu'il a tort, et s'en rapporte, dès
lors, à mon bon vouloir ; pourtant il refuse la main de
ma fille.

ALMERIK

L'arrogant !

LE ROI

Hélas, Almerik ! C'est mon malheur, qui me pour-
suit toujours. Je crains beaucoup, que ce soit un mauvais signe pour l'issue de cette opération. Le mariage sur
lequel je faisais de si beaux rêves, reposait, trop légère-
ment, sur l'espoir qu'Yolande recouvrerait la vue. Voilà
une espérance évanouie, l'autre dans peu va aussi...
mais non ! Je ne veux pas me laisser aller à de funestes
plaintes. Qu'il nous arrive, ce que le Tout-Puissant a
décidé ! — Qui a apporté cette lettre ?

ALMERIK

Un serviteur de la suite de Jauffred. Il dit que Tristan
est encore chez lui.

LE ROI

Chez Jauffred. ? Peut-être a-t-il encore quelques
vues. — Saurait-il ? — Pourtant, chut ! j'entends du
tumulte et un cliquetis d'armes — il vient du côté de
l'entrée. . . . . .

ALMERIK

(S'approche de la porte.)

On s'avance à main armée.

LE ROI

A main armée ? Quelle indignité !

ALMERIK

Vite, quelques hommes.

LE ROI

Vois cette épée ! On ne se moque pas impunément du
roi René.

SCÈNE SIXIÈME

Le roi RENÉ. ALMERICK, TRISTAN en brillant uniforme
avec sa suite. Plus tard JAUFFRED avec sa suite.

(Dans cette scène les teintes empourprées du soleil couchant, se
reflètent sur la vallée et sur les montagnes éloignées — jusqu'à la fin de
la pièce.)

TRISTAN

Arrière ! La troupe qui se tient à la montagne est
vaincue. Rendez-vous prisonniers !

LE ROI

Qui es-tu, téméraire, toi dont la main audacieuse ose

5

violer ces lieux ? Arrête ! si tu ne veux pas que ma colère t'anéantisse. . . . . . .

TRISTAN

Trêve de paroles ! Je n'ai pas peur. Je crois bien que ces lieux sont sous l'empire d'un mauvais génie, mais une puissance, qui défie la tienne, me soutient. Quand tous les esprits de l'air seraient à tes ordres, quand tu serais un enchanteur, qui compte sur les secrets de la magie, ose essayer ! Le Saint Père a béni cette épée, cette écharpe fut brodée par la pieuse abbesse du cloître de Sainte Marie d'Avignon, et je porte sous cette armure, assez d'énergie pour te vaincre, comme Saint-Georges vainquit le dragon.

LE ROI

Insensé ! Qu'est-ce donc qui t'amène ici ?

TRISTAN

Réponds-moi ! Es-tu l'enchanteur de cette vallée ?

LE ROI

Oui, je suis bien le maître de cette vallée, et quelque chose de plus encore. Mais toi, qui es-tu ?

(Jauffred entre avec sa suite.)

JAUFFRED

Que vois-je, le roi René ! (Il s'agenouille) Noble roi !

TRISTAN
(A part.)

Ah ! Le roi René !

LE ROI

Toi, Jauffred, à la suite d'un ennemi du roi ?

JAUFFRED

Pardonnez ! Il m'a tellement devancé, j'arrive trop tard.

LE ROI

(A Tristan.)

Parle donc. Qui es-tu ?

TRISTAN

Mon nom est Tristan de Vaudemont. Ce nom, vous le connaissez.

LE ROI

Comment ? Tristan ?

(A Jauffred.)

Est-ce bien vrai ?

JAUFFRED

Oui, c'est la vérité.

LE ROI

(Réfléchissant.)

Et c'est vous qui, aujourd'hui, êtes venu une première fois ?

TRISTAN

Oui, mon roi ! Le hasard et non la témérité m'a conduit en ces lieux, et je ne pressentais pas que vous en fussiez le maître.

LE ROI

Qu'est-ce donc qui vous ramène maintenant ?

TRISTAN

Vous le savez.

LE ROI

Non, je ne le sais pas, dites !

TRISTAN

Vous voulez rire. Dans cette vallée fleurie, vit cachée, la plus surprenante des merveilles, une créature plus ravissante encore que les lieux qu'elle habite, une beauté que tous les troubadours de la Provence ne sont pas dignes de chanter.

LE ROI

Et cette beauté ? Poursuivez.

TRISTAN

A fait sur moi une impression à laquelle je ne saurais résister.

LE ROI

Et vous savez qui elle est ?

TRISTAN

Non. Pourtant dans sa physionomie, dans ses paroles, on voit qu'elle est de haut rang et de noble naissance.

LE ROI

Et n'avez-vous pas remarqué que la nature, en la créant si parfaite, en un point l'a déshéritée?

TRISTAN

Hélas ! Elle est aveugle ! Pourtant ne brille-t-il pas dans son âme une lumière qui surpasse en éclat celle qui lui manque ?

LE ROI

Et tout en connaissant sa cécité....

TRISTAN

Je n'en déposerai pas moins avec joie, à ses pieds, ma couronne de Comte.

LE ROI

Eh bien ! Par la sainte image de Clairvaux, vous êtes encore ce qu'il y a de plus surprenant dans cette vallée. Vous y entrez les armes à la main, pour dérober ce qui depuis longtemps est à vous, ce que vous avez dédaigneusement refusé.

TRISTAN

Comment donc, mon Roi ?

LE ROI

Sachez que cette beauté, qui vous a séduit — c'est ma fille.

TRISTAN

Elle, votre fille ?

LE ROI

Oui, elle, mon jeune Comte; elle que, selon votre lettre, vous ne pouvez plus prendre pour votre épouse; elle qui vous inspire assez de répugnance pour renoncer entièrement à la Lorraine, afin de ne plus songer à sa main; elle enfin, dont vous avez si bien séduit le cœur, que la pauvre fille me semblait incapable de le reprendre, pour jamais le donner à un autre.

TRISTAN

O mon Roi ! Est-ce vrai ? Votre parole m'enivre.

LE ROI

Comme je vous le dis.

TRISTAN

Pourquoi donc vivre ici ?

LE ROI

Dans cette vallée ? Vous le saurez bientôt. Elle ne pressent pas, cher Comte, que vous soyez venu dans un moment si solennel. Yolande, ma chère enfant, peut-être, à cette heure, vient d'être vouée à des ténèbres sans espoir, ou de naître à la pleine lumière.

TRISTAN

Que dites-vous, mon Roi?

LE ROI

A l'instant même le médecin Ebn Iahia a résolu de voir si son art peut la guérir.

(Il se rapproche de la maison.)

Mais chut! je crois que l'on n'est pas en repos à l'intérieur, écoutons! elle parle.... O Tristan, écoute, Yolande parle! Hélas! Sont-ce des cris de joie, ou de douleur, qui tombent de ses lèvres pieuses? Mais voici quelqu'un.

SCÈNE SEPTIÈME

Les précédents, BERTRAND, plus tard MARTHA, YOLANDE
et EBN IAHIA.

LE ROI
(A Bertrand, qui sort de la maison.)

Vite, Bertrand, hâte-toi, et dis-moi comment tout marche au dedans?

BERTRAND
(Emu.)

Ah! je ne le sais pas. Elle est éveillée, tout paraît aller bien. L'émotion me fait sortir.

(Martha se précipite dehors.)

MARTHA

Elle voit!!!

LE ROI

Comment, Martha, elle voit?

TRISTAN

Oh! serait-ce possible?

MARTHA

Silence ! Elle sort.

(Ebn Iahia sort d'abord sur la porte, conduit Yolande par la main, et fait signe aux autres qu'ils doivent revenir. Ceux-ci expriment par un jeu muet la part qu'ils prennent à cette joie.)

YOLANDE

Où me conduis-tu ? O Dieu, où suis-je ? Tiens-moi. Ah ! tiens-moi !

EBN IAHIA

Remets-toi, mon enfant !

YOLANDE

Non, tiens-moi — arrête-toi ! Je n'étais encore jamais venue ici..... Quels lieux étrangers pour moi !.... Qu'est-ce donc ? — retiens moi ! Cela vient si près... j'ai peur.

EBN IAHIA

Yolande ! remets-toi ! Vois donc la terre, jusqu'ici, ta plus fidèle amie; maintenant elle te salue avec tant d'amour. — Voici le jardin que tu as toujours cultivé.

YOLANDE

Mon jardin ? Ah ! je ne le connais pas. — Les plantes m'épouvantent — prends garde ! elles vont tomber sur nous.

EBN IAHIA

Ne crains rien. Ce sont des palmiers dont les feuilles et les fruits te sont bien connus.

YOLANDE

Oh ! Non ! Je ne les connais pas.

(Elle lève les yeux au ciel.)

Et cette clarté qui nous environne partout — cette

voûte qui s'arrondit au-dessus de nous — comme c'est élevé ! Qu'est-ce ? Est-ce Dieu ? Est-ce son esprit, qui, selon vos paroles, remplit l'univers ?

EBN IAHIA

Vois : cette clarté est la clarté de la lumière : Dieu est là dedans, comme il est partout. Ce bleu profond, qui s'élève comme une voûte au-dessus de nous, c'est le ciel, où, selon notre foi, Dieu a établi son trône. A genoux, enfant ! Lève tes mains au ciel, étends tes bras vers Dieu, et prie !

YOLANDE

Ah ! apprends-moi à prier, comme je le dois. On ne m'a pas dit ce qu'il faut demander au Dieu, qui est le maître de ce monde.

EBN IAHIA

A genoux, chère enfant, et dis : Être incréé, qui m'as parlé, lorsque la nuit enveloppait mes yeux, apprends-moi à te chercher, dans les rayons de la lumière; et dans les beautés de ce monde. Apprends-moi à te demeurer toujours fermement unie sur cette terre !

YOLANDE
(S'agenouillant.)

« Être incréé, qui m'as parlé lorsque la nuit enveloppait mes yeux, apprends-moi à te chercher dans les rayons de la lumière, et dans les beautés de ce monde ! apprends-moi à te demeurer toujours fermement unie sur cette terre ! » — Oui, il m'a entendu — je le sens. Il fait descendre sa paix dans mon âme. C'est bien lui qui me parle d'une manière invisible et intime, comme auparavant.

EBN IAHIA

Lève-toi, mon enfant, et regarde autour de toi!

YOLANDE

Oh! dis-moi, quelles sont ces formes saisissantes?

EBN IAHIA

Tu les connais.

YOLANDE

Oh! non, je ne puis rien connaître.

LE ROI
(S'approche tout ému.)

Reconnais-moi, Yolande! Je suis ton père!

YOLANDE
(Dans ses bras.)

Mon père! ô mon Dieu! tu es mon père? Maintenant je te connais, ta voix, ta poignée de main. Reste ici, sois mon protecteur, sois mon guide! Je suis si étrangère dans ce monde de la lumière. Il m'a tout enlevé, tout ce qui, avant, était le bonheur de ta fille.

LE ROI

Je t'ai trouvé un guide.

YOLANDE

Que veux-tu dire?

LE ROI
(Montrant Tristan.)

Vois, il est là, il t'attend.

YOLANDE

Cet étranger-là? Est-ce l'un des Chérubins dont vous m'avez parlé? Est-ce le Chérubin de la lumière qui est venu?

LE ROI

Tu le connais, tu as parlé avec lui.

YOLANDE

Avec lui ! avec lui !

(Elle place la main devant ses yeux.)

O père, je comprends. Sous cette noble physionomie doit être cette voix si forte et si douce que j'ai entendue, la plus vivante de la nature.

(A Tristan qui s'approche.)

Ah ! parle ! un mot seulement, de ce que tu disais ?

TRISTAN

O jeune et belle dame !

YOLANDE

Ecoute ! écoute donc ! ce sont ces mots, qui ont fait descendre sur moi, les rayons de la lumière : ces douces paroles ont en même temps embrasé mon cœur.

TRISTAN
(la pressant contre son cœur.)

Yolande ! Ma bien-aimée !

LE ROI
(étendant ses mains sur eux.)

Que le Dieu, dont nous admirons les merveilles, vous bénisse tous deux.

(La toile tombe.)

FIN.

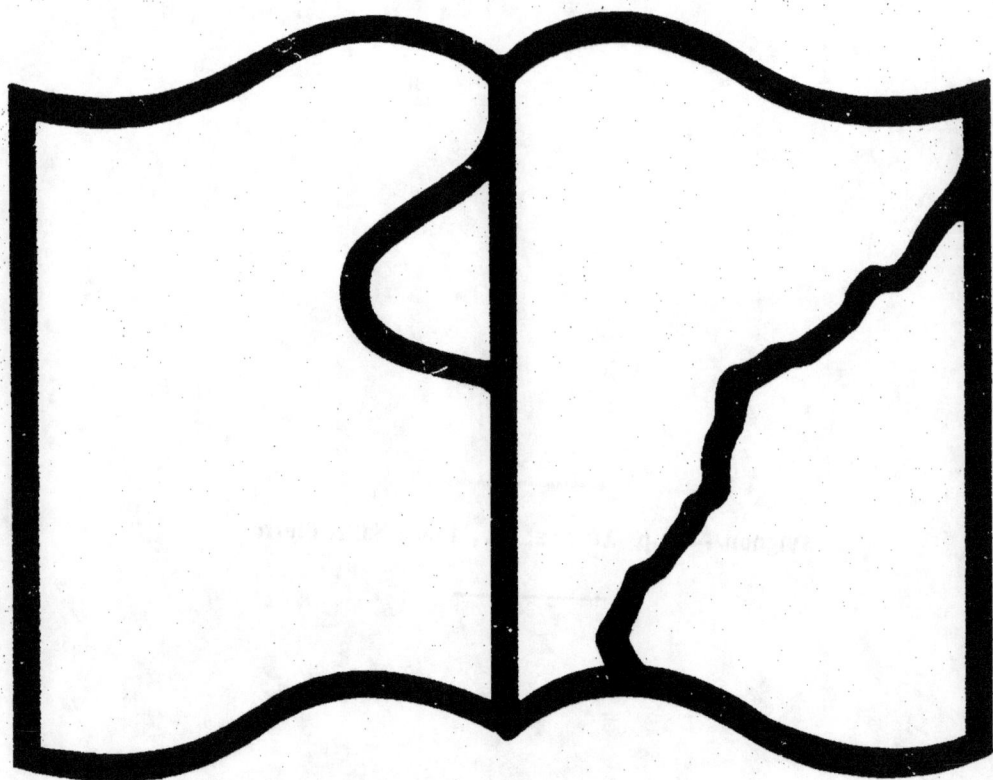

Texte détérioré — reliure défectueuse

NF Z **43**-120-11

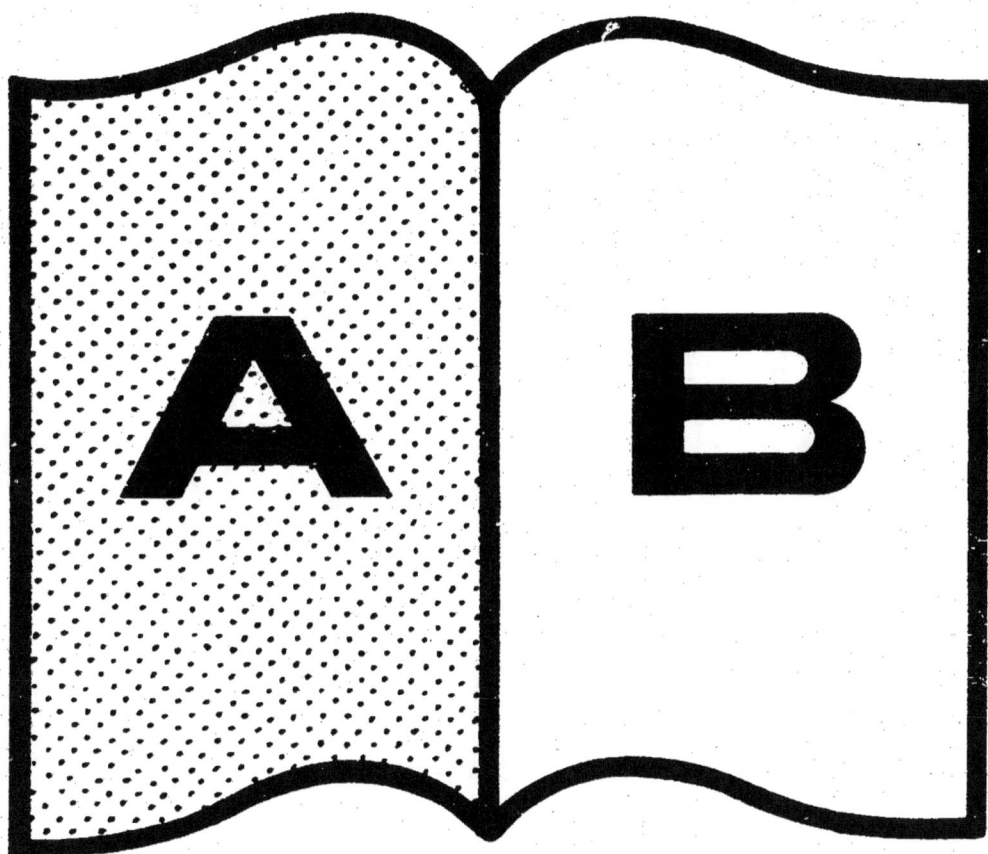

Contraste insuffisant

NF Z 43-120-14